LAS MEJORES RECETAS CON

4 Ingredientes

Publications International, Ltd.

En la portada se ilustran: Costillar de Cerdo al Durazno *(página 28)*.

En la contraportada se ilustran *(de izquierda a derecha):* Vieiras con Tomate y Albahaca *(página 40)* y Banana Split a la Parrilla *(página 86)*.

Cocción en Horno de Microondas: La potencia de los hornos de microondas es variable. Utilice los tiempos de cocción como guía y revise qué tan cocido está el alimento antes de hornear por más tiempo.

Tiempos de Preparación/Cocción: Los tiempos de preparación están basados en la cantidad aproximada de tiempo que se requiere para elaborar la receta antes de cocer, hornear, enfriar o servir. Dichos tiempos incluyen los pasos de la preparación, como medir, picar y mezclar. Se tomó en cuenta el hecho de que algunas preparaciones y cocciones pueden realizarse simultáneamente. No se incluyen la preparación de los ingredientes opcionales ni las sugerencias para servir.

Contenido

Introducción

Bienvenido a una cocina rápida, simple y sin prisas. Con *Las Mejores Recetas con 4 Ingredientes*, puede crear sabrosos y excitantes platillos, sin pasar horas en la tienda buscando una gran lista de ingredientes—o en la cocina siguiendo complicadas instrucciones. Puede preparar la mayoría de estos platillos, muchos de los cuales son alimentos completos, en menos tiempo del que ocupa en ir a comprar comida. Prepararlos en casa—especialmente uno fácil en que puedan ayudarle los niños—es una forma de mantener unida a la familia y evita la tendencia actual de pedirlos por teléfono.

Las Mejores Recetas con 4 Ingredientes está lleno de recetas fáciles de seguir, muchas de ellas, con cuatro ingredientes o menos. De la lista se excluyen esos ingredientes comunes de muchas recetas y que se encuentran en la cocina: agua, aceite en aerosol, sal y pimienta. Cocinar con estas recetas puede ahorrarle mucho tiempo. Saque el mejor provecho de este libro planeando sus comidas con anticipación. Asegúrese de leer completamente la receta que desea preparar, antes de ir de compras, para adquirir todos los ingredientes necesarios.

Muchas recetas pueden prepararse tan rápido que usted puede colocar los entremeses, los guisados o los postres, mientras se cocina el plato principal. Algunas preparaciones toman sólo unos minutos, pero requieren más tiempo en el horno o en la olla de cocción lenta; otras necesitan tiempo de marinado. Aproveche su tiempo extra ejercitándose, haciendo diligencias o relajándose con la familia. *Las Mejores Recetas con 4 Ingredientes* está diseñado para hacer que usted ¡esté libre para otras cosas!

Use los consejos que se incluyen en el libro para modernizar sus procesos de preparación y de cocción.

 Los "Rapiconsejos" le dicen cómo ahorrar tiempo en el supermercado y en la cocina.

 Los "Súper Consejos" le ofrecen sugerencias para cocinar o los ingredientes que pueden ayudarle a mejorar la comida.

 Los "Consejos para Servir" le dan ideas para simplificar y realzar la presentación de sus comidas.

Entremeses y Bebidas

Comience una comida especial preparando un entremés rápido y fácil, o acompañe con una bebida para animar el ambiente. Crecerán las expectativas del platillo principal… y todos recordarán el evento, no sólo la comida. Los pequeños detalles pueden dejar grandes impresiones.

Entremeses de Camarón y Tirabeques con
Salsa de Mostaza y Grosella
(receta en la página 12)

Bocadillos de Queso con Chile

    4 huevos
    ½ taza de salsa picante
    ¼ de taza de harina de trigo
    2 cucharaditas de chile en polvo
1 ½ tazas de queso cheddar rallado (180 g)
    1 cebollín picado (unas 2 cucharadas)

1. Caliente el horno a 200 °C. Engrase 24 moldes para muffin (de 7.5 cm).

2. En un recipiente mediano, combine los huevos, la salsa, la harina y el chile. Agregue el queso y la cebolla.

3. Ponga más o menos 1 cucharada de la mezcla de queso en cada molde. Hornee por 10 minutos o hasta que se doren. Sírvalos calientes o a temperatura ambiente con crema agria y salsa picante adicional, si lo desea.

Rinde 24 entremeses

Tiempo de Preparación: 10 *minutos*
Tiempo de Cocción: 10 *minutos*

Cóctel Bloody Mary

3 tazas de jugo de 8 verduras
1 cucharadita de rábano rusticano preparado
1 cucharadita de salsa inglesa
½ cucharadita de salsa picante
    Rebanadas de limón para adornar

Combine el jugo, el rábano, la salsa inglesa y la salsa picante. Sirva con hielo. Adorne con rebanadas de limón.

Rinde 3 tazas

Tiempo de Preparación: 5 *minutos*

Cóctel Bloody Mary y Bocadillos de Queso con Chile

Entremeses de Camarón y Tirabeques con Salsa de Mostaza y Grosella

180 g de tirabeques (vainas) (unas 36)
675 g de camarón mediano, pelado, desvenado y cocido
¾ de taza de jalea de grosella
¼ de taza de mostaza Dijon

Blanquee los tirabeques en agua hirviente salada por 45 segundos. Escurra de inmediato y enjuague bajo el chorro de agua fría.

Envuelva 1 tirabeque blanqueado alrededor de cada camarón y asegúrelo con un palillo.

Combine la jalea y la mostaza; bata con un tenedor hasta que se incorporen. (La jalea se disolverá en unos 5 minutos.) Sirva la salsa con los entremeses.

Rinde 36 entremeses

Nueces Condimentadas y Azucaradas

4 tazas de nueces mixtas saladas
2 cucharadas de margarina, derretida
3 cucharadas de azúcar
1 a 2 cucharaditas de pimienta roja molida
2 cucharaditas de cilantro seco (opcional)

Caliente el horno a 150 °C.

En un recipiente grande, combine las nueces y la margarina.

En un recipiente chico, revuelva los ingredientes restantes; añada a la mezcla de nueces. En una charola para hornear sin engrasar, distribuya la mezcla de nueces.

Hornee, revolviendo ocasionalmente, por 40 minutos o hasta que las nueces se doren.

Rinde 4 tazas de nueces

Tostadas de Queso, Tomate y Tocino

Tostadas de Queso, Tomate y Tocino

1 frasco (450 ml) de salsa de queso cheddar
1 tomate rojo mediano picado
5 rebanadas de tocino (beicon), dorado y desmoronado
   (más o menos ⅓ de taza)
2 barras de pan italiano (de 40 cm de largo cada una), en
   16 rebanadas

1. Caliente el horno a 180 °C. En un recipiente mediano, combine la salsa de queso, el tomate y el tocino.

2. En una charola para hornear, acomode las rebanadas de pan. Úntelas con la salsa.

3. Hornee por 10 minutos o hasta que la salsa burbujee. Sirva de inmediato.   *Rinde 16 porciones*

Tiempo de Preparación: *10 minutos*
Tiempo de Cocción: *10 minutos*

Sidra Caliente

⅓ de taza de azúcar morena
¼ de taza de mantequilla o margarina, suavizada
¼ de taza de miel
¼ de cucharadita de canela molida
¼ de cucharadita de nuez moscada molida
Sidra o jugo de manzana

1. Bata el azúcar, la mantequilla, la miel, la canela y la nuez moscada hasta que la mezcla se uniforme y se esponje. Colóquela en un recipiente cerrado. Refrigere hasta por 2 semanas. Deje que la mezcla se ambiente antes de servir.

2. Para servir, caliente la sidra en una olla grande a fuego medio. Llene tarros con la sidra caliente; revuelva 1 cucharada de la mezcla de mantequilla en 1 taza de la sidra.   *Rinde 12 porciones*

Tiempo de Preparación y Cocción: 15 *minutos*

Pasta de Cangrejo

1 paquete (225 g) de queso crema light, suavizado
¼ de taza de salsa para cóctel
1 paquete (225 g) de carne imitación cangrejo

Unte el queso sobre un platón. Vierta la salsa sobre el queso; corone con el cangrejo.

Sirva con galletas surtidas.   *Rinde 1½ tazas (12 porciones)*

Sidra Caliente

Palitos de Queso

$^1\!/_2$ **taza (1 barra) de mantequilla, suavizada**
$^1\!/_8$ **de cucharadita de sal**
Pizca de pimienta roja molida
450 g de queso cheddar rallado, a temperatura ambiente
2 tazas de harina con levadura

Caliente el horno a 180 °C. En el recipiente de la batidora, bata la mantequilla, la sal y la pimienta hasta acremar. Agregue el queso; revuelva. De manera gradual, añada la harina y revuelva hasta que se forme una bola. Forme con la masa una bola con las manos.

Forme las galletas con una duya con punta de estrella; rellene la duya según las instrucciones del fabricante. Presione la masa sobre charolas para galletas en tiras de 8 cm de largo. Hornee por 12 minutos o hasta que se doren un poco. Deje enfriar por completo. Almacénelas bien tapadas.   *Rinde unas 10 docenas*

Focaccia Rápida al Pesto

1 lata (285 g) de base para pizza
2 cucharadas de pesto preparado
4 tomates deshidratados envasados en aceite, escurridos

1. Caliente el horno a 220 °C. Engrase ligeramente un molde de 20×20×5 cm. Desenrolle la masa para pizza; dóblela por la mitad y colóquela sobre el molde.

2. Unte el pesto sobre la masa. Pique los tomates; distribúyalos sobre el pesto. Presione los tomates en la masa. Con una cuchara de madera, haga incisiones en la masa cada 5 cm.

3. Hornee de 10 a 12 minutos o hasta que se dore. Corte en cuadros y sirva caliente o a temperatura ambiente.   *Rinde 16 entremeses*

Tiempo de Preparación y Cocción: *20 minutos*

Palitos de Queso

Brochetas de Tortellini con Dip Pesto-Ranch

Brochetas de Tortellini con Dip Pesto-Ranch

  ½ **bolsa (450 g) de tortellini congelados**
1 ¼ **tazas de aderezo para ensalada tipo Ranch**
  ½ **taza de queso parmesano**
   3 **dientes de ajo picados**
   2 **cucharaditas de albahaca seca**

1. Cueza los tortellini de acuerdo con las instrucciones de la envoltura. Enjuague y escurra bajo el chorro de agua fría. Inserte los tortellini en brochetas de bambú, 2 en cada una.

2. Combine el aderezo, el queso, el ajo y la albahaca en un recipiente chico. Sirva las brochetas con el dip.   *Rinde de 6 a 8 brochetas*

Tiempo de Preparación y Cocción: *30 minutos*

Papas con Jamón Coronadas con Espárragos

4 papas (patatas) horneadas y calientes, en mitades
1 taza de jamón cocido picado
1 lata (300 ml) de crema condensada de espárragos
Queso cheddar o suizo rallado (opcional)

1. Coloque las papas en un recipiente para microondas. Con cuidado, píquelas con un tenedor.

2. Corónelas con el jamón. Revuelva la crema en la lata. Con una cuchara, sírvala sobre las papas. Corone con el queso, si lo desea. Hornee en el microondas a temperatura ALTA por 4 minutos o hasta que se calienten. *Rinde 4 porciones*

Tiempo de Preparación y Cocción: 10 *minutos*

 **Rapiconsejo**

Para una cocción uniforme, asegúrese de elegir papas de tamaño similar.

Cóctel Pinzón de las Nieves

3 tazas de jugo de piña
1 lata (400 ml) de leche condensada
1 lata (180 ml) de jugo concentrado de naranja,
  descongelado
½ cucharadita de extracto de coco
1 botella (1 litro) de ginger ale, fría

1. Combine el jugo de piña, la leche, el jugo de naranja y el extracto de coco en una jarra grande; revuelva bien. Refrigere, tapado, hasta por 1 semana.

2. Para servir, vierta ½ taza de la mezcla de jugo de piña en un vaso (con hielo picado, si lo desea). Complete el vaso con ⅓ de taza de ginger ale.   *Rinde 10 porciones*

Consejo: Almacene las latas de leche condensada, sin abrir, a temperatura ambiente hasta por 6 meses. Una vez abierta, guárdela en un recipiente hermético en el refrigerador, hasta por 5 días.

Nuggets de Pollo a la Parmesana

1 frasco (780 a 840 ml) de salsa tradicional para pasta
1 paquete (360 g) de nuggets de pollo, refrigerados o
  congelados, cocidos (unos 18 nuggets)
2 tazas de queso mozzarella rallado (unos 225 g)
1 cucharada de queso parmesano

1. Caliente el horno a 180 °C. En un molde para hornear de 33×23 cm, distribuya 1½ tazas de salsa. Acomode encima los nuggets y corone con el resto de la salsa y los quesos.

2. Cubra con papel de aluminio y hornee por 25 minutos. Retire el aluminio y hornee por 5 minutos más.   *Rinde de 4 a 6 porciones*

Tiempo de Preparación: *5 minutos*
Tiempo de Cocción: *30 minutos*

Cóctel Pinzón de las Nieves

Platillos Principales

Ahorre tiempo y energía—al tiempo que se gana admiradores—con uno de estos sencillos y sustanciosos platillos. Empleando distintos métodos para cocinar y una deliciosa mezcla de ingredientes, usted puede servir diferentes platillos cada noche. Nadie sabrá que estos platillos fueron preparados ¡en un santiamén!

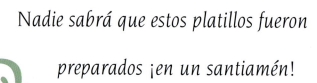

Costillar de Res Asado a la Pimienta
(receta en la página 27)

Brochetas Orientales de Res

1 **cucharada de aceite de oliva**
1 **cucharada de salsa de soya**
1 **cucharada de vinagre de arroz sazonado**
4 **brochetas de res empacadas**

Caliente el asador. Coloque la parrilla a unos 10 cm de la fuente de calor. Revuelva el aceite, la salsa de soya y el vinagre; barnice las brochetas con la mezcla. Acomode las brochetas en la parrilla. Ase por 10 minutos o hasta que tengan el término deseado; voltéelas después de 5 minutos.

Rinde 4 porciones

Atún con Tallarines

2¼ **tazas de agua**
3 **tazas (180 g) de tallarines de huevo medianos, sin cocer**
340 **g de queso amarillo**
1 **paquete (450 g) de verduras mixtas, descongeladas y escurridas**
1 **lata (180 g) de atún, escurrido y desmenuzado**
¼ **de cucharadita de pimienta negra**

1. Hierva el agua en una olla. Agregue los tallarines. Reduzca el fuego a medio-bajo. Hierva por 8 minutos o hasta que los tallarines se suavicen.

2. Agregue el queso, las verduras, el atún y la pimienta; revuelva hasta que el queso se derrita.

Rinde de 4 a 6 porciones

Tiempo de Preparación: *10 minutos*
Tiempo de Cocción: *15 minutos*

Brochetas Orientales de Res

Pollo Fresco Marinado

Pollo Fresco Marinado

  2 **cucharadas de ajo en polvo**
  ⅓ **de taza de agua**
  ¼ **de taza de aceite de oliva o vegetal**
  1 **cucharadita de jugo de limón o vinagre**
  4 **mitades de pechuga de pollo, deshuesadas y sin piel
     (unos 565 g)**

1. Para la marinada, combine todos los ingredientes, excepto el pollo.

2. En un recipiente poco profundo, o en una bolsa de plástico, vierta ½ taza de la marinada sobre el pollo. Tape, o cierre la bolsa, y marine en el refrigerador hasta por 3 horas; voltéelo de vez en cuando. Refrigere la marinada restante.

3. Retire el pollo y deseche la marinada. Ase el pollo, volteándolo una vez y barnizando con la marinada restante, hasta que pierda su color rosado en el centro.   *Rinde 4 porciones*

Costillar de Res Asado a la Pimienta

1 ½ cucharadas de granos de pimienta negra
1 costillar de res, sin hueso (de 1.125 a 1.350 kg) y sin grasa
¼ de taza de mostaza Dijon
2 dientes de ajo picados
Salsa de Crema Agria (opcional, página 64)

Prepare el asador para cocción indirecta.

Coloque los granos de pimienta en una bolsa de plástico chica. Exprima para sacar el aire; cierre bien la bolsa. Triture los granos de pimienta con un mazo para carne o con un rodillo.

Seque el costillar con toallas de papel. Combine la mostaza y el ajo en un recipiente chico; unte en todo el costillar. Espolvoree con la pimienta machacada.

Acomode el costillar, con la pimienta hacia arriba, sobre la parrilla. Ase, tapado, a fuego medio, por 1 hora 10 minutos para término medio o hasta que el termómetro de carne alcance los 62 °C; el termómetro debe insertarse en la parte más gruesa de la carne. Agregue de 4 a 9 piezas de carbón a ambos lados del fuego después de 45 minutos para mantener una temperatura media.

Mientras tanto, prepare la Salsa de Crema Agria, si gusta. Tape y refrigere hasta que vaya a servir.

Pase el costillar a una tabla para trinchar; cubra con papel de aluminio. Deje reposar de 10 a 15 minutos antes de cortar. La temperatura interna de la carne aumentará 3 a 6 °C durante el reposo. Sirva con Salsa de Crema Agria, si lo desea.   *Rinde de 6 a 8 porciones*

Súper Consejo

El asado indirecto es un método que se usa para cocción lenta de cortes de res grandes y pollos enteros, a la parrilla.

Costillar de Cerdo al Durazno

1 costillar de cerdo (de 1.350 a 1.800 kg), sin hueso, enrollado
1 taza (360 g) de jalea de grosella
½ taza de mermelada de durazno (melocotón)
  Duraznos (melocotones) frescos rebanados o grosellas para adornar, si lo desea

Coloque la carne en un molde para asar; inserte el termómetro para carne en uno de los extremos. Hornee a 160 °C de 30 a 40 minutos o hasta que se dore. Voltee la carne y hornee por 30 minutos más hasta que se dore la parte inferior. Voltéela otra vez y escurra la grasa.

En una olla mediana, derrita la jalea y la mermelada. Barnice generosamente la carne con la salsa.

Continúe el horneado hasta que el termómetro marque 70 °C, por unos 15 minutos; barnice de vez en cuando con la salsa.

Retire la carne del horno. Adorne con rebanadas de durazno y grosellas. Sirva con la salsa restante.   *Rinde de 8 a 10 porciones*

Pollo Dulce

900 g de pechugas de pollo
  1 frasco (225 ml) de aderezo para ensalada francés o ruso
  1 cucharada de cebolla en polvo
  1 taza (360 g) de mermelada de chabacano (albaricoque)
  Arroz cocido caliente

Coloque el pollo, con la piel hacia arriba, en un molde para hornear de 33×23 cm. Combine el aderezo, la cebolla y la mermelada; revuelva. Vierta sobre el pollo.

Hornee a 180 °C por 1 hora o hasta que el pollo esté cocido y los jugos salgan limpios; a la mitad del tiempo de cocción, bañe el pollo con la salsa. Sirva sobre el arroz cocido caliente.   *Rinde 8 porciones*

Costillar de Cerdo al Durazno

Pavo Asado a las Hierbas

1 **pavo (de 5.400 kg), descongelado**
½ **taza de margarina, suavizada**
1 **cucharada de sazonador italiano**

1. Retire el pescuezo y las menudencias de la cavidad del pavo. Enjuáguelo; escúrralo y séquelo con toallas de papel. Libere las piernas del pavo para que no estén encogidas, pero no corte la piel. Con una espátula o con la mano, afloje la piel de la pechuga, empezando por la cavidad separando las piernas del pavo.

2. Revuelva 6 cucharadas de margarina con el sazonador. Unte 2 cucharadas de la mezcla dentro de la cavidad; unte el resto de la mezcla en la carne bajo la piel. Una la piel, en la zona abierta, con palillos. Regrese las piernas del pavo a su posición original; acomode las alas en el hueco del pescuezo.

3. Coloque el pavo, con la pechuga hacia arriba, en un molde poco profundo. Inserte el termómetro para carne en la parte más gruesa del muslo, junto al cuerpo, sin que toque el hueso. Derrita la margarina restante y barnice la piel.

4. Ase a 160 °C de 3½ a 3¾ horas. Cuando la piel esté dorada, envuelva con papel de aluminio holgadamente, para prevenir que se queme. Verifique la cocción; la temperatura del muslo será de 81 a 83 °C. Transfiera el pavo a una tabla para trinchar; deje reposar de 15 a 20 minutos antes de cortar. Retire los palillos justo antes de cortar.

Rinde 12 porciones

Tiempo de Preparación: *20 minutos*
Tiempo de Cocción: *3 horas y 30 minutos*
Tiempo de Enfriado: *15 minutos*
Tiempo Total: *4 horas y 5 minutos*

Pavo Asado a las Hierbas

Omelet Extra Especial para Dos

   6 huevos
   3 cucharadas de crema light o leche
   ¼ de cucharadita de sal
   ⅛ de cucharadita de pimienta negra molida
   2 cucharadas de margarina
      Rellenos Especiales para Omelet

En un recipiente chico, bata los huevos, la leche, la sal y la pimienta con un tenedor o batidor manual.

En una sartén antiadherente de 20 cm, derrita 1 cucharada de margarina; añada ½ de la mezcla de huevo. Con una espátula, levante las orillas cocidas de la omelet; ladee la sartén para permitir que la mezcla sin cocer fluya hacia abajo. Cuando la omelet esté casi lista, agregue el Relleno Especial para Omelet que desee. Con la espátula, doble la omelet y cueza por 30 segundos más. Repita el procedimiento con la margarina y la mezcla de huevo restantes.

Rinde 2 porciones

Rellenos Especiales para Omelet:
Omelet de Espárragos Primavera: En una sartén de 25 cm, derrita 2 cucharadas de margarina a fuego medio-alto y fría ¼ de taza de chalotes o cebollas picadas hasta que se suavicen. Agregue 1½ tazas de espárragos en trozos, con sal y pimienta al gusto. Cueza hasta que los espárragos estén suaves. Coloque en las omelets, y luego espolvoree con ¼ de taza de queso parmesano rallado.

Omelet del Oeste: En una sartén de 25 cm, derrita 1 cucharada de margarina a fuego medio-alto y fría 1 taza de pimiento picado, 1 taza de tomates rojos picados y ½ taza de cebolla picada con sal y pimienta al gusto, revolviendo ocasionalmente, hasta que las verduras se suavicen. Sirva en las omelets.

Omelet Florentina: En una sartén de 25 cm, derrita 2 cucharadas de margarina a fuego medio-alto y fría ¼ de taza de chalotes o cebolla picada hasta que se suavice. Agregue 4 tazas de espinaca picada; cueza, revolviendo de vez en cuando, hasta que se marchite.

Omelet Extra Especial para Dos

Incorpore ½ taza de prosciutto picado (opcional) y pimienta negra al gusto. Sirva en las omelets; después, si lo desea, añada ½ taza de queso de cabra desmoronado.

Omelet de Salmón: Rellene las omelets con 2 rebanadas delgadas de salmón ahumado, 2 cucharadas de cebolla morada picada, 2 cucharaditas de alcaparras escurridas picadas, ¼ de taza de queso crema, y sal y pimienta negra al gusto.

Omelet Fresca de Tomate-Albahaca: Rellene las omelets con 2 tomates chicos rojos picados, ⅔ de taza de queso mozzarella fresco picado, 4 hojas frescas de albahaca en tiras delgadas; sazone al gusto con sal y pimienta negra.

Omelet Fiesta: En una sartén de 25 cm, derrita 2 cucharadas de margarina a fuego medio-alto; fría ½ taza de cebolla picada hasta que se suavice. Agregue 1 taza de frijoles (judías) negros escurridos, ¼ de taza de chiles verdes picados; sazone con sal y pimienta negra al gusto; caliente bien. Sirva en las omelets, y luego espolvoree con 1 taza de queso para fundir con chile jalapeño (unos 120 g).

Brochetas Jamaiquinas de Camarón y Piña

$^1\!/_2$ **taza de salsa para tasajo**
$^1\!/_4$ **de taza de piña en almíbar**
  2 **cucharadas de cebollín fresco picado**
450 g **de camarón grande, pelado y desvenado**
 $^1\!/_2$ **piña mediana, pelada, descorazonada y en cubos de 2.5 cm**
  2 **pimientos morrones rojos, verdes o amarillos, en cuadros de 2.5 cm**

1. Combine la salsa, la mermelada y el cebollín en un recipiente chico. Ensarte el camarón, la piña y los pimientos en 4 brochetas; barnice con la mezcla de salsa.

2. Ase las brochetas a fuego medio-alto de 6 a 10 minutos o hasta que el camarón se torne rosado y opaco; voltéelas una vez. Sirva con la mezcla de salsa restante.   *Rinde 4 porciones*

Pollo al Limón con Espárragos

  1 **cucharada de aceite vegetal**
  4 **mitades de pechuga de pollo, deshuesadas y sin piel (unos 450 g)**
  1 **lata (300 ml) de crema condensada de espárragos**
$^1\!/_4$ **de taza de leche**
  1 **cucharada de jugo de limón**
$^1\!/_8$ **de cucharadita de pimienta**

1. En una sartén mediana, caliente el aceite a fuego medio-alto. Agregue el pollo y cueza por 8 minutos o hasta que se dore. Retire el pollo y escurra la grasa.

2. Añada la crema, la leche, el jugo de limón y la pimienta. Deje hervir. Regrese el pollo a la sartén. Reduzca el fuego a bajo. Tape y cueza por 5 minutos o hasta que el pollo pierda su color rosado.
Rinde 4 porciones

Brochetas Jamaiquinas de Camarón y Piña

Cerdo Agridulce

340 g de carne de cerdo, sin hueso
1 cucharadita de aceite vegetal
1 bolsa (450 g) de verduras para sofreír
1 cucharada de agua
1 frasco (400 ml) de salsa agridulce
1 lata (225 g) de piña en trozos, escurrida

- Corte la carne en tiras delgadas.

- En una sartén grande, caliente el aceite a fuego medio-alto.

- Añada la carne; sofría hasta que se dore.

- Incorpore las verduras y el agua; tape y cueza a fuego medio de 5 a 7 minutos o hasta que las verduras estén suaves y crujientes.

- Destape; revuelva con la salsa agridulce y la piña. Caliente muy bien.

Rinde 4 porciones

Sugerencia para Servir: Sirva sobre arroz cocido caliente.

Tiempo de Preparación: *5 minutos*
Tiempo de Cocción: *15 a 18 minutos*

Rapiconsejo

Para una salsa agridulce rápida para nuggets de pollo o rollos de huevo, agregue azúcar y vinagre a un frasco de duraznos (melocotones) o chabacanos (albaricoques) escurridos.

Cerdo Agridulce

Pavo Asado con Salsa de Arándano-Miel

Pavo Asado con Salsa de Arándano-Miel

   1 naranja mediana
360 g de arándanos rojos frescos o congelados
  ¾ de taza de miel
900 g de pechugas de pavo asadas, en rebanadas

Parta en cuartos y rebane la naranja sin pelar; retire las semillas. Pique un poco la naranja y los arándanos. Coloque en una olla mediana y revuelva con la miel. Deje hervir a fuego medio-alto. Cueza de 3 a 4 minutos; deje enfriar. Sirva sobre el pavo.

Rinde 8 porciones

Pastel de Carne Relleno de Queso

675 g de carne molida de res
1 frasco (780 a 840 ml) de salsa para pasta
1 huevo grande, ligeramente batido
¼ de taza de pan molido
2 tazas de queso mozzarella rallado (unos 225 g)
1 cucharada de perejil fresco finamente picado

1. Caliente el horno a 180 °C. En un recipiente grande, combine la carne, ⅓ de taza de salsa, el huevo y el pan. Sazone, si lo desea, con sal y pimienta negra molida. En un molde para hornear de 33×23 cm, forme con la carne un rectángulo de 30×20 cm.

2. Espolvoree 1½ tazas de queso y el perejil en el centro de la carne; deje libre 2 cm en la orilla. Enrolle, empezando por el lado más largo, como niño envuelto. Presione las orillas para sellar.

3. Hornee, sin tapar, por 45 minutos. Vierta la salsa restante sobre la carne y espolvoree el queso restante. Hornee durante 15 minutos más o hasta que la salsa esté bien caliente y el queso se derrita. Deje reposar por 5 minutos antes de servir.   *Rinde 6 porciones*

Consejo: Si moldea la mezcla de carne con papel encerado será más fácil de enrollar. Levante el papel para enrollar la carne y cubrir el relleno de queso, y luego retire con cuidado la carne del papel. Continúe enrollando así hasta que el relleno quede encerrado y la carne se libere del papel.

Tiempo de Preparación: *20 minutos*
Tiempo de Cocción: *1 hora*

Vieiras con Tomate y Albahaca

8 a 12 vieiras grandes, en mitades a lo ancho
   Sal y pimienta negra recién molida, al gusto
3 cucharadas de margarina
2 tomates rojos, pelados, sin semillas y picados
2 cucharadas de albahaca fresca picada *o* 2 cucharaditas
   de albahaca seca

1. Escurra las vieiras sobre toallas de papel; sazone al gusto con sal y pimienta.

2. Caliente 2 cucharadas de margarina en una sartén antiadherente grande a fuego medio-alto.

3. Acomode la mitad de las vieiras en una capa en la sartén; fría de 1 a 2 minutos de cada lado o hasta que se cuezan. Transfiéralas a un platón; manténgalas calientes. Repita la operación con el resto de las vieiras; colóquelas en el platón.

4. Derrita la margarina restante en la misma sartén a fuego medio-alto. Agregue los tomates y la albahaca; caliente muy bien.

5. Vierta la mezcla sobre las vieiras; sirva inmediatamente.

Rinde 2 porciones

Tiempo de Preparación: *10 minutos*
Tiempo de Cocción: *5 minutos*
Tiempo Total: *15 minutos*

Vieiras con Tomate y Albahaca

Crujientes Dedos de Pollo con Cebolla

Crujientes Dedos de Pollo con Cebolla

1 ⅓ tazas de cebollas para freír
450 g de filetes de pechuga de pollo, deshuesados y sin piel
3 a 4 cucharadas de mostaza con miel

1. Caliente el horno a 200 °C. Coloque las cebollas en una bolsa de plástico con cierre; séllela. Macháquelas con un rodillo.

2. Cubra el pollo con la mostaza y con las cebollas machacadas. Colóquelo en una charola para hornear.

3. Hornee por 15 minutos o hasta que el pollo esté crujiente y no esté rosado en el centro. *Rinde 4 porciones*

Tiempo de Preparación: *10 minutos*
Tiempo de Cocción: *15 minutos*

Fajitas de Res y Pimiento

1 sobre (35 g) de marinada para fajitas
450 g de bistec de res, sin hueso, en tiras delgadas*
1 bolsa (450 g) de verduras mixtas para freír
8 tortillas de harina (de 15 a 18 cm), calientes
½ taza de salsa

*O sustituya por 450 g de tiras de pollo, sin hueso y sin piel.

• Prepare la marinada para fajitas de acuerdo con las instrucciones de la envoltura.

• Agregue la carne y las verduras. Deje reposar por 10 minutos.

• Caliente una sartén grande a fuego medio-alto. Con una cuchara ranurada, retire la carne y las verduras de la marinada y póngalas en la sartén.

• Añada la marinada, si lo desea. Cueza durante 5 minutos o hasta que la carne tenga el término deseado y la mezcla esté caliente; revuelva ocasionalmente.

• Envuelva la mezcla en las tortillas. Corone con salsa.

Rinde 4 porciones

Idea Brillante: Las verduras no tienen que ser frescas para ser nutritivas. Agregue brócoli o espinacas a una pizza congelada.

Tiempo de Preparación: *10 minutos*
Tiempo de Cocción: *5 a 7 minutos*

Consejo para Servir

Sirva estas deliciosas fajitas con guacamole y crema agria.
O sirva la mezcla de carne y verduras sobre arroz si no
tiene tortillas a la mano.

Guarniciones y Ensaladas

U na vez que ha creado una deliciosa comida en minutos, ¿por qué no mejorarla con una saludable guarnición o una atractiva ensalada? Cuando las acompañe con estos rapidísimos platillos, sus comidas alcanzarán alturas celestiales… con un mínimo esfuerzo. Cree combinaciones con sus alimentos favoritos.

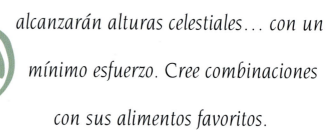

Ensalada César con Pollo Asado (receta en la página 48)

Fáciles Papas Rellenas Vegetarianas

2½ tazas de brócoli y zanahoria congelados
4 papas (patatas) grandes
1 lata (300 ml) de crema de brócoli
½ taza (60 g) de queso cheddar rallado
Sal y pimienta

1. Coloque las verduras en un recipiente para microondas. Hornee a temperatura ALTA por 5 minutos; escúrralas.

2. Lave muy bien las papas; píquelas varias veces con un cuchillo. Hornee a temperatura ALTA por 15 minutos o hasta que se suavicen.

3. Mientras se cuecen las papas, combine la crema, las verduras y el queso en una olla mediana. Cueza a fuego medio hasta que el queso se derrita y la mezcla esté bien caliente.

4. Parta las papas por la mitad. Corone cada papa con la mezcla de queso. Sazone al gusto con sal y pimienta.   *Rinde 4 porciones*

Tiempo de Preparación y Cocción: *23 minutos*

Súper Consejo

Elija papas Russet o Idaho para hornear. Guárdelas en un lugar fresco y oscuro, lejos de las cebollas, hasta por 2 semanas. (Si las papas y las cebollas se guardan juntas, las papas se echarán a perder más rápido.)

Ensalada de Espinaca-Naranja

1 **manojo grande de espinacas, sin tallos**
2 **naranjas**
½ **jícama chica, pelada y en tiras julianas (más o menos**
    1 taza)
¼ **de taza de nueces tostadas, en mitades**
    Aderezo vinagreta preparado

Lave y seque las espinacas; enfríelas hasta que estén crujientes.
Trócelas en pedazos chicos; póngalos en un recipiente grande. Pele las
naranjas; retire la membrana blanca. Separe en gajos; píquelos. Agregue
la naranja, la jícama y las nueces a la espinaca. Vierta el aderezo sobre la
mezcla de espinaca; revuelva bien.   *Rinde 6 porciones*

Ensalada César con Pollo Asado

8 **tazas de lechuga romana trozada**
450 **g de pechugas de pollo, deshuesadas y sin piel, asadas,**
    en tiras
1 **taza de croutones sazonados**
½ **taza de queso cheddar rallado**
¾ **de taza de aderezo César para ensalada, sin grasa**

Revuelva la lechuga, el pollo, los croutones y el queso. Agregue el
aderezo; revuelva. Sirva con gajos de limón y pimienta recién molida,
si lo desea.   *Rinde 4 porciones*

Variante: Prepare como se indica, pero sustituya la lechuga por 285 g
de verduras mixtas.

Tiempo de Preparación: *15 minutos más el de marinado*
Tiempo de Asado: *20 minutos*

Ensalada de Espinaca-Naranja

Maíz a la Parrilla

Maíz a la Parrilla

115 g de mantequilla o margarina, suavizada
1 cucharada de salsa de soya
½ cucharadita de estragón seco, machacado
6 mazorcas de maíz frescas

Revuelva muy bien la mantequilla, la salsa de soya y el estragón.
Quite las hojas de las mazorcas. Coloque cada mazorca sobre una
pieza de papel de aluminio lo suficientemente grande para cubrirla;
unte generosamente con la mantequilla sazonada. Envuelva con el
aluminio; séllelo. Coloque sobre la parrilla a 8 cm de la fuente de
calor; cueza de 20 a 30 minutos o hasta que se suavicen; voltéelas con
frecuencia. (O acomódelas sobre una charola para hornear. Hornee a
160 °C por 30 minutos.) Sirva de inmediato.   *Rinde 6 porciones*

Nota: La mezcla de mantequilla-soya puede untarse en mazorcas
hervidas calientes.

Guisado de Brócoli y Cebolla

1 cebolla grande
¾ de taza de consomé de pollo, con poca sal
565 g de brócoli
½ cucharadita de pimienta negra
Pizca de pimentón

Caliente el horno a 190 °C. Corte la cebolla en cuartos, y luego en rebanadas delgadas. Hierva la cebolla en el consomé de pollo, a fuego alto, en una olla mediana. Reduzca el fuego a bajo. Hierva, tapado, por 5 minutos o hasta que la cebolla se suavice. Con una cuchara ranurada, pase la cebolla a un recipiente chico; deje el consomé en la olla.

Corte y deseche las partes duras de los tallos del brócoli. Corte en floretes de 1.5 cm. Pele los tallos; corte en rebanadas de 0.6 cm.

Distribuya la mitad del brócoli en un refractario cuadrado de 20 cm o en una olla de 2 litros de capacidad. Coloque encima la mitad de la cebolla. Espolvoree con ¼ de cucharadita de pimienta. Repita las capas.

Vierta el consomé sobre las verduras. Cubra con papel de aluminio. Hornee por 25 minutos o hasta que el brócoli esté suave. *No revuelva.* Escurra el líquido; espolvoree con pimentón antes de servir.

Rinde 6 porciones

Guisado de Ñame y Piña

4 ñames medianos, cocidos, pelados y machacados
⅓ de taza de cubierta de piña
4 cucharadas de mantequilla o margarina, derretida
1 cucharada de jugo de limón

Combine el ñame, la cubierta de piña, 3 cucharadas de mantequilla y el jugo de limón. Engrase una cacerola de 1 litro de capacidad con la mantequilla restante. Vierta la mezcla en la cacerola.

Hornee a 180 °C por 25 minutos o hasta que esté bien caliente.

Rinde 4 porciones

Carpaccio di Zucchini

565 g de calabacita rallada
½ taza de almendras rebanadas, tostadas
1 cucharada de aderezo italiano preparado
4 baguettes de pan francés, partidas por la mitad a lo largo
4 cucharaditas de margarina suave para untar
3 cucharadas de queso parmesano

1. Caliente el asador. Coloque la calabacita en un recipiente mediano. Agregue las almendras y el aderezo; revuelva bien.

2. Acomode las mitades de pan en una charola para hornear grande; úntelas con la margarina. Espolvoree con queso. Ase a 8 cm de la fuente de calor de 2 a 3 minutos, o hasta que las orillas y el queso se doren.

3. Distribuya la mezcla de calabacita sobre los panes. Sirva inmediatamente.
Rinde 4 porciones

Tiempo de Preparación y Cocción: *28 minutos*

Brócoli con Albahaca y Limón

1 bolsa (450 g) de brócoli congelado
2 cucharadas de mantequilla, derretida
¼ de cucharadita de jugo de limón
¼ de cucharadita de albahaca seca

• Cueza el brócoli como se indica en la bolsa; escúrralo.

• Combine la mantequilla, el jugo de limón y la albahaca en un recipiente chico.

• Revuelva el brócoli con la mezcla de mantequilla.
Rinde 4 porciones

Tiempo de Preparación: *2 minutos*
Tiempo de Cocción: *8 minutos*

Carpaccio di Zucchini

Ensalada Asada de Verduras y Papa

900 g de papas (patatas) rojas, en cubos
2 calabacitas en rebanadas delgadas a lo largo
2 zanahorias, en rebanadas diagonales
1 cebolla morada chica, en gajos
2 tazas de aderezo de tomate con ajo

Revuelva las verduras con el aderezo en un recipiente grande.

Coloque en un molde para asar poco profundo.

Hornee a 200 °C de 40 a 45 minutos o hasta que las verduras estén suaves; revuelva de vez en cuando.   *Rinde 8 porciones*

Tiempo de Preparación: *10 minutos*
Tiempo de Horneado: *45 minutos*

Verduras Festivas Horneadas

1 bolsa (450 g) de verduras mixtas congeladas
1 lata (300 ml) de crema condensada de brócoli
⅓ de taza de leche
1 ⅓ tazas de cebollas para freír

Instrucciones para Microondas:
Combine las verduras, la crema, la leche y ⅔ de taza de cebollas en un recipiente para microondas de 2 litros de capacidad. Hornee,* sin tapar, a temperatura ALTA, de 10 a 12 minutos o hasta que las verduras estén suaves; revuelva a la mitad del tiempo de cocción. Coloque encima las cebollas restantes. Hornee por 1 minuto más o hasta que las cebollas se doren.   *Rinde de 4 a 6 porciones*

O, en horno convencional, a 190 °C de 30 a 35 minutos.

Tiempo de Preparación: *5 minutos*
Tiempo de Cocción: *10 minutos*

Ensalada Asada de Verduras y Papa

Coles de Bruselas Hervidas en Caldo

450 g de coles de Bruselas frescas
½ taza de caldo condensado de res o ½ taza de agua más
2 cucharaditas de caldo de res instantáneo
1 cucharada de mantequilla o margarina, suavizada
¼ de taza de queso parmesano rallado
Pimentón

1. Limpie las coles y deseche las hojas que estén manchadas.

2. Use una olla lo suficientemente grande para poner las coles en una capa. Coloque las coles y el caldo en la olla. Deje hervir; reduzca el fuego. Tape; hierva por unos 5 minutos o justo hasta que las coles se tornen verde brillante y se suavicen.

3. Destape; hierva hasta que el líquido casi se evapore. Combine las coles con la mantequilla; añada el queso y revuelva. Espolvoree con pimentón al gusto. Adorne como desee.   *Rinde 4 porciones*

Consejo: Para que sea más rápida la cocción, haga una incisión profunda en "X" en la base de las coles.

Sofrito de Verduras

1 cucharada de aceite vegetal
3 a 4 zanahorias, en rebanadas diagonales
2 calabacitas, en rebanadas diagonales
3 cucharadas de jugo de naranja
Sal y pimienta

Caliente el aceite en una sartén mediana o en un wok a fuego medio. Agregue las zanahorias; sofría por 3 minutos. Añada las calabacitas y el jugo de naranja; sofría durante 4 minutos o hasta que las verduras se suavicen. Sazone con sal y pimienta al gusto.   *Rinde 4 porciones*

Coles de Bruselas Hervidas en Caldo

Ensalada de Col a la Vinagreta

¼ **de taza de aceite vegetal**
2 **cucharadas de vinagre de vino blanco**
1 **cucharada de miel**
Sal y pimienta
1 **bolsa (225 g) de ensalada de col**

Revuelva el aceite, el vinagre y la miel. Sazone con sal y pimienta al gusto. Coloque la ensalada de col en un recipiente mediano. Vierta encima la vinagreta y revuelva. Tape y refrigere.   *Rinde 4 porciones*

Dueto de Verduras con Almendras

1 **bolsa (285 g) de ejotes (judías verdes) congelados**
½ **bolsa (450 g) de cebollitas congeladas**
¼ **de taza de almendras rebanadas tostadas**
2 **cucharadas de mantequilla o margarina**
Sal y pimienta negra

1. Combine los ejotes y las cebollas en una olla mediana; cueza de acuerdo con las instrucciones de la bolsa. Escúrralos.

2. Regrese las verduras a la olla. Agregue las almendras y la mantequilla; revuelva a fuego bajo hasta que la mantequilla se derrita y la mezcla se caliente. Sazone con sal y pimienta al gusto.

Rinde 4 porciones

Súper Consejo

Para tostar las almendras, distribúyalas en un molde para hornear. Hornee a 180 °C de 8 a 10 minutos o hasta que se doren un poco; revuelva de vez en cuando.

Ensalada Caliente de Carne

Ensalada Caliente de Carne

1 **bistec de espaldilla de res (unos 565 g)**
    Sal y pimienta
115 **g de tirabeques (vainas)**
    Hojas de lechuga
1 **cebolla morada mediana, rebanada, en aros**
500 **g de tomates cherry**
    Aderezo de mostaza con miel (opcional)

1. Caliente el asador. Coloque la parrilla a 10 cm de la fuente de calor. Acomode la carne en la parrilla. Ase por 10 minutos o hasta obtener el término deseado; voltee la carne después de 5 minutos. Sazone con sal y pimienta al gusto.

2. Mientras tanto, ponga a hervir agua con poca sal en una olla mediana. Agregue los tirabeques; cueza por 2 minutos. Escúrralos.

3. Coloque la carne en una tabla para trinchar. Corte diagonalmente, a través de la fibra, en tiras delgadas.

4. Forre un platón con hojas de lechuga. Acomode las tiras de carne en el centro del platón. Ponga alrededor los aros de cebolla, los tirabeques y los tomates. Sirva con el aderezo de mostaza con miel, si lo desea.   *Rinde 4 porciones*

Marinadas y Salsas

Complemente una buena ración de ave,

carne o pescado con una deliciosa marinada o una

salsa que añada el toque final y saque todo su sabor.

Las frutas y otros postres serán una tentación

inigualable acompañados por una espléndida salsa

dulce. Justo el toque para hacer de una buena carne

algo perfecto.

Salsa BBQ Dulce y Ahumada
(receta en la página 71)

Mayonesa a la Albahaca

$^1\!/_2$ **taza de mayonesa**
$^1\!/_2$ **taza de crema agria o yogur natural**
1 **cebollín, en trozos de 2.5 cm**
2 **cucharadas de perejil fresco**
2 **cucharadas de albahaca fresca**
   Sal y pimienta

Combine la mayonesa, la crema, el cebollín, el perejil y la albahaca en el procesador de alimentos o en la licuadora; procese hasta que se incorporen. Sazone con sal y pimienta al gusto.

Rinde unas 1$^1\!/_4$ tazas

Vinagreta de Mostaza

2 **cucharadas de mostaza Dijon**
$^1\!/_2$ **taza de vinagre de arroz sazonado**
$^1\!/_4$ **de taza de aceite vegetal**
$^1\!/_2$ **cucharadita de aceite oscuro de ajonjolí (sésamo)**
   Pizca de pimienta negra

Mezcle todos los ingredientes en un recipiente chico.

Rinde unos $^3\!/_4$ de taza

Rapiconsejo

Para hacer una ensalada con anticipación, coloque las verduras firmes y la carne o las aves en el fondo de una ensaladera y agregue el aderezo. Corone con hojas verdes, pero no revuelva. Refrigere hasta por 2 horas. Revuelva la ensalada justo antes de servir.

Vinagreta de Mostaza

Salsa de Fruta Fresca

½ taza de jarabe de maíz light
2 tazas de moras frescas, kiwi o duraznos (melocotones) picados
1 cucharadita de jugo de limón
¼ de cucharadita de extracto de almendra *o* ½ taza de fruta fresca picada

1. En la licuadora o el procesador de alimentos, combine el jarabe, 2 tazas de fruta y el jugo de limón. Procese hasta que se incorporen.

2. Agregue y revuelva el extracto de almendra o la fruta fresca picada.

Rinde unas 2 tazas

Salsa de Fresa

500 g de fresa (frutilla), sin cáliz
2 a 3 cucharadas de azúcar
1 cucharada de licor de fresa o naranja (opcional)

Combine las fresas, el azúcar y el licor en la licuadora. Tape y procese hasta que se incorporen.

Rinde 1 ½ tazas

Salsa de Crema Agria

¾ de taza de crema agria
2 cucharadas de rábano rusticano preparado
1 cucharada de vinagre balsámico
½ cucharadita de azúcar

Combine todos los ingredientes en un recipiente chico.

Rinde más o menos 1 taza

Salsa de Fruta Fresca

Salsa de Cebolla y Vino

4 tazas de gajos de cebolla
2 dientes de ajo picados
2 cucharadas de margarina o mantequilla
½ taza de salsa para carne
2 cucharadas de vino tinto

Caliente una sartén grande a fuego medio-alto; fría las cebollas y el ajo en la margarina hasta que se suavicen, por unos 10 minutos. Agregue la salsa y el vino; deje hervir. Reduzca el fuego; hierva durante 5 minutos. Sirva caliente con carne cocida.   *Rinde 2½ tazas*

Fácil Salsa Tártara

¼ de taza de mayonesa baja en grasa
2 cucharadas de pepinillos dulces en salmuera
1 cucharadita de jugo de limón

Combine la mayonesa, el pepinillo y el jugo de limón en un recipiente chico. Refrigere hasta que vaya a servir.   *Rinde más o menos ¼ de taza*

Marinada Pimienta-Limón

⅔ de taza de salsa para carne
4 cucharaditas de ralladura de cáscara de limón
1½ cucharaditas de pimienta negra poco molida

En un recipiente chico de vidrio, combine la salsa para carne, la ralladura y la pimienta. Use la marinada con carnes, pescados, aves o cerdo durante 1 hora en el refrigerador.   *Rinde unos ⅔ de taza*

Salsa de Cebolla y Vino

Salsa de Mantequilla de Maní

½ **taza de jarabe de maíz light u oscuro**
½ **taza de mantequilla de maní**
 3 a 4 **cucharadas de leche**

1. En un recipiente chico, revuelva el jarabe, la mantequilla de maní y la leche hasta que se incorporen.

2. Sirva sobre helado o torta. Refrigere el sobrante.

Rinde unas 1¼ tazas

Salsa Hot Fudge de Chocolate

¾ **de taza de azúcar**
¾ **de taza de crema batida**
½ **taza de jarabe de maíz light**
 2 **cucharadas de margarina o mantequilla**
 1 **paquete (225 g) de chocolate semiamargo**
 1 **cucharadita de vainilla**

1. En una olla grande, combine el azúcar, la crema, el jarabe y la margarina. Revolviendo constantemente, deje hervir a fuego medio. Retire del fuego.

2. Agregue y revuelva el chocolate hasta que se derrita. Añada la vainilla.

3. Sirva caliente sobre helado. Almacene en el refrigerador.

Rinde unas 2¼ tazas

Tiempo de Preparación: *10 minutos, más el de enfriado*

En el sentido de las manecillas del reloj, desde arriba: Salsa Hot Fudge de Chocolate, Salsa de Mantequilla de Maní y Salsa de Maple, Nuez y Pasas (receta en la página 71)

Salsa Tártara para Pescado a la Parrilla

Salsa Tártara para Pescado a la Parrilla

1 taza de mayonesa
3 cucharadas de salsa picante
2 cucharadas de mostaza oscura
2 cucharadas de pepinillos dulces en salmuera
1 cucharada de alcaparras picadas

Combine la mayonesa, la salsa, la mostaza, los pepinillos y las alcaparras en un recipiente mediano. Tape y enfríe en el refrigerador hasta que esté listo para servir. Sirva con salmón, hipogloso, merluza o atún a la parrilla.

Rinde 1 ½ tazas

Tiempo de Preparación: *5 minutos*

Salsa de Maple, Nuez y Pasas

1 taza de jarabe de maíz light u oscuro
$\frac{1}{2}$ taza de azúcar morena
$\frac{1}{2}$ taza de crema batida
$\frac{1}{2}$ taza de nueces poco picadas
$\frac{1}{4}$ de taza de uvas pasa
$\frac{1}{2}$ cucharadita de extracto de maple

1. En una olla mediana, combine el jarabe, el azúcar y la crema. Revolviendo constantemente, deje hervir a fuego medio por 1 minuto. Retire del fuego.

2. Agregue las nueces, las uvas pasa y el extracto de maple. Sirva caliente. Almacene en el refrigerador.   *Rinde 2 tazas*

Tiempo de Preparación: *10 minutos*

Salsa BBQ Dulce y Ahumada

$\frac{1}{2}$ taza de salsa catsup
$\frac{1}{3}$ de taza de mostaza oscura
$\frac{1}{3}$ de taza de melaza light
$\frac{1}{4}$ de taza de salsa inglesa
$\frac{1}{4}$ de taza de líquido para ahumar o sal de nogal (opcional)

Combine la salsa catsup, la mostaza, la melaza, la salsa inglesa y el líquido para ahumar, si lo desea, en un recipiente mediano. Revuelva hasta que se incorporen. Barnice pollo o costillas durante los últimos 15 minutos de asado.   *Rinde unas 1 $\frac{1}{2}$ tazas*

Tiempo de Preparación: *5 minutos*

Postres y Golosinas

Los maravillosos postres son siempre una adición especial para una gran comida. Sus refrescantes sensaciones son una buena manera de redondear un almuerzo de verano. O para culminar un festín invernal, un delicado postre con salsa caliente. Cualquiera de estas recetas fáciles de preparar hará que le pidan más.

Pay de Crema de Plátano Light (receta en la página 75)

Galletas de Chocolate con Macadamia

Galletas de Chocolate con Macadamia

1 paquete de harina para galletas de chocolate con chispas
¼ de taza de cocoa en polvo sin endulzar
⅓ de taza de aceite vegetal
1 huevo
3 cucharadas de agua
⅔ de taza de nueces de macadamia poco picadas

Caliente el horno a 190 °C.

Combine la harina y la cocoa en un recipiente grande. Agregue el aceite, el huevo y el agua. Revuelva hasta que se incorporen. Añada las nueces. Ponga cucharadas de la mezcla, a 5 cm de separación, en una charola para galletas sin engrasar.

Hornee de 8 a 10 minutos o hasta que estén listas. Deje enfriar por 1 minuto sobre las charolas. Retírelas y deje enfriar por completo.

Rinde 3 docenas de galletas

Pay de Crema de Plátano Light

1 paquete de pudín instantáneo de vainilla sin azúcar (para
4 porciones)
2¾ tazas de leche baja en grasa
4 plátanos (bananas) maduros medianos, rebanados
1 base de galleta para pay (de 13 cm) lista para usar
1 plátano (banana) firme mediano (opcional)
Crema batida light, descongelada (opcional)

• Prepare el pudín de acuerdo con las instrucciones, pero use las
2¾ tazas de leche. Revuelva con los plátanos maduros.

• Vierta la mezcla sobre la base para pay. Cubra suelto con envoltura
plástica. Enfríe por 1 hora o hasta que el relleno esté listo. Retire el
plástico.

• Corte el plátano firme en rebanadas de 1.5 cm. Adorne el pay con la
crema batida y las rebanadas de plátano. *Rinde 8 porciones*

Tiempo de Preparación: *10 minutos*
Tiempo de Enfriado: *1 hora*

Corazones de Fresa

1 paquete (de 480 a 510 g) de masa refrigerada para
galletas de azúcar
2 paquetes (de 225 g cada uno) de queso crema, suavizado
⅔ de taza de azúcar glass
1 cucharadita de extracto de vainilla
2 tazas de fresas (frutillas) frescas rebanadas

Desenrolle la masa; córtela en forma de corazones y hornee como se
indica en la envoltura.

Combine el queso, el azúcar y la vainilla; revuelva.

Unte la mezcla sobre los corazones fríos; corone con las fresas.
Rinde unas 2 docenas de corazones

Bizcocho Inglés

285 g de fresas (frutillas) congeladas*
1 paquete (100 g) de pudín instantáneo de vainilla
1 ½ tazas de leche
1 taza de crema batida descongelada
8 rebanadas delgadas de torta con pasas
½ taza de almendras rebanadas tostadas
¼ de taza de chispas miniatura de chocolate semiamargo (opcional)

O sustituya por frambuesas congeladas.

• Descongele las fresas de acuerdo con las instrucciones de la envoltura.

• Prepare el pudín con 1 ½ tazas de leche, según las instrucciones del empaque. Deje reposar por 5 minutos; revuelva muy bien con la crema batida.

• Coloque 1 rebanada de torta en 4 tazones para postre. Vierta la mitad de la mezcla de fresas sobre las rebanadas. Corone con la mitad de la mezcla de pudín, de las almendras y de las chispas.

• Repita las capas de torta, fresas, pudín, almendras y chispas. Tape y enfríe hasta el momento de servir.   *Rinde 4 porciones*

Tiempo de Preparación: *20 minutos*

Bizcocho Inglés

Dip de Chocolate

⅔ **de taza de jarabe de maíz light u oscuro**
½ **taza de crema espesa**
 8 **tablillas (de 30 g cada una) de chocolate semiamargo**
  Fruta fresca variada

1. En un recipiente mediano, combine el jarabe y la crema. Deje hervir a fuego medio. Retire del fuego.

2. Agregue el chocolate; revuelva hasta que se derrita.

3. Sirva caliente con fruta y use como dip.   *Rinde 1 ½ tazas*

Pruebe algunos de estos "acompañamientos": piña cristalizada, albaricoques secos, cuadros de waffle, soletas, cubos de torta con pasas, pretzels, croissants, galletas de menta o de mantequilla de maní.

El Dip de Chocolate puede prepararse con un día de antelación. Guárdelo, tapado, en el refrigerador. Recaliente antes de servir.

Dip en Microondas: En un recipiente mediano para microondas, combine el jarabe y la crema. Hornee a temperatura ALTA por 1 ½ minutos o hasta que hierva. Agregue el chocolate; revuelva hasta que se derrita. Sirva como se indica.

Tiempo de Preparación: 10 *minutos*

Rapiconsejo

Averigüe la hora en que cortan la fruta en el supermercado para no tener que "preparar" la fruta del postre en el último momento. Agregue un toque festivo con colores, formas y texturas diversos.

Dip de Chocolate

Milagro de Fresa

1 ½ tazas de agua hirviente
2 paquetes (de 4 porciones) de gelatina sabor fresa
1 ¾ tazas de agua fría
½ taza de aderezo de mayonesa
Frutas surtidas

En un recipiente mediano, revuelva el agua hirviente y la gelatina por 2 minutos o hasta que se disuelva. Añada el agua fría. De manera gradual, bata la gelatina con el aderezo, en un recipiente grande, hasta que se incorporen.

Vierta en un molde de vidrio de 1 litro de capacidad, rociado con aceite en aerosol. Refrigere hasta que esté firme. Desmolde en un platón; sirva con fruta.   *Rinde de 4 a 6 porciones*

Tiempo de Preparación: 10 *minutos más el de refrigeración*

Pay de Queso con Limón y Cereza

1 paquete (225 g) de queso crema, suavizado
1 lata (400 ml) de leche condensada (NO evaporada)
⅓ de taza de jugo de limón concentrado
1 cucharadita de extracto de vainilla
1 base de galleta para pay (de 180 g) lista para usar
1 lata (600 g) de relleno de cereza para pay, frío

1. En un recipiente grande, bata el queso hasta que se esponje. De manera gradual, bata con la leche hasta que se incorporen. Agregue el jugo y la vainilla. Vierta sobre la base. Enfríe durante 3 horas por lo menos.

2. Para servir, corone con el relleno de cereza. Guarde, tapado, en el refrigerador.   *Rinde de 6 a 8 porciones*

Tiempo de Preparación: 10 *minutos*
Tiempo de Enfriado: 3 *horas*

Suculento Niño Envuelto de Limón

Suculento Niño Envuelto de Limón

1 paquete (450 g) de harina preparada para torta de vainilla
2 gotas de colorante vegetal verde (opcional)
2 recipientes (de 225 g cada uno) de yogur sabor limón, sin
   azúcar ni grasa
   Rebanadas de limón (opcional)

1. Caliente el horno a 180 °C. Forre dos moldes para niño envuelto (brazo gitano) de 43×28×2.5 cm, con papel pergamino o encerado.

2. Prepare la torta de acuerdo con las instrucciones del empaque. Divida la mezcla entre los moldes que preparó. Pase un cuchillo a través de la mezcla para deshacer las burbujas grandes. Hornee por 12 minutos o hasta que las tortas estén ligeramente doradas y, al insertar en los centros un palillo, éste salga limpio. Invierta cada torta en una toalla limpia. Comenzando por el lado más corto, enrolle la torta caliente, a modo de niño envuelto, con la toalla. Deje enfriar.

3. Coloque de 1 o 2 gotas de colorante verde en cada recipiente de yogur, si lo desea; revuelva. Desenrolle la torta; retire la toalla. Unte cada torta con el contenido de 1 recipiente de yogur; deje libre una orilla de 2.5 cm. Enrolle la torta; acomódela con el lado abierto hacia abajo. Rebane cada torta en 8 rebanadas. Adorne con rebanadas de limón, si lo desea. Sirva de inmediato o refrigere.   *Rinde 16 porciones*

Gelatina Mimosa

1 ½ **tazas de agua hirviente**
1 **paquete (para 8 porciones)** *o* **2 paquetes (para**
4 porciones) de gelatina sabor limón
2 **tazas de agua mineral (de Seltz) o club soda**
1 **lata (315 g) de gajos de mandarina, escurridos**
1 **taza de fresas (frutillas) rebanadas**

Revuelva el agua hirviente con la gelatina en un recipiente grande, durante 2 minutos por lo menos o hasta que se disuelva. Refrigere por 15 minutos. Con cuidado, revuelva con el agua mineral. Refrigere durante unos 30 minutos o hasta que se espese un poco (consistencia de clara de huevo sin batir). Con cuidado, revuelva por unos 15 segundos. Agregue los gajos de mandarina y las fresas. Vierta en un molde de 6 tazas de capacidad.

Refrigere por 4 horas o hasta que esté firme. Desmolde. Adorne al gusto. Guarde el sobrante en el refrigerador.   *Rinde 12 porciones*

Tiempo de Preparación: *15 minutos*
Tiempo de Refrigeración: *4¾ horas*

Súper Consejo

Para desmoldar, sumerja el molde en agua caliente por unos 15 segundos. Con cuidado, afloje las orillas de la gelatina con los dedos. Coloque un platón encima del molde. Invierta el molde sobre el platón; sacúdalos juntos ligeramente. Con cuidado, retire el molde de la gelatina.

Gelatina Mimosa

Pastelillos de Vainilla

1 **paquete de harina preparada para torta de vainilla**
1 ¼ **tazas de agua**
2 **cucharaditas de extracto de almendra**
1 **recipiente de betún de vainilla con cereza**

Caliente el horno a 180 °C. Combine la harina, el agua y el extracto de almendra. Con la batidora eléctrica a velocidad baja, bata hasta humedecer. Bata a velocidad media por 1 minuto. Forre moldes medianos para muffin con capacillos de papel. Rellene cada molde a dos terceras partes de su capacidad. Hornee de 20 a 25 minutos o hasta que se doren, se agrieten y estén secos. Desmolde. Deje enfriar por completo. Unte con el betún.   *Rinde de 30 a 32 pastelillos*

Lunas de Limón con Nuez

1 **paquete (510 g) de masa refrigerada para galletas de**
   azúcar
1 **taza de nueces tostadas, picadas***
1 **cucharada de ralladura de cáscara de limón**
1 ½ **tazas de azúcar glass**

*Para dorar las nueces, distribúyalas en una capa en una charola para hornear. Hornee a 180 °C de 8 a 10 minutos o hasta que se doren; revuelva con frecuencia.

1. Caliente el horno a 190 °C. Retire la masa de la envoltura de acuerdo con las instrucciones del empaque. Combine la masa, las nueces y la ralladura en un recipiente grande. Revuelva muy bien. Con cucharadas abundantes de la mezcla, forme lunas crecientes. Colóquelas a 5 cm de separación, en charolas para galletas sin engrasar. Hornee de 8 a 9 minutos o hasta que se doren un poco. Deje enfriar por 2 minutos sobre las charolas. Transfiera a rejillas.

2. Ponga 1 taza de azúcar glass en un recipiente poco profundo. Ruede las galletas calientes en el azúcar. Deje enfriar por completo. Cierna el azúcar restante sobre las galletas antes de servir.

Rinde unas 4 docenas de galletas

Pastelillos de Vainilla

Banana Split a la Parrilla

2 plátanos (bananas) maduros grandes
1 cucharadita de mantequilla derretida
2 cucharadas de jarabe de chocolate, sin grasa y bajo en azúcar
1 cucharadita de licor de naranja (opcional)
1 ⅓ tazas de helado de vainilla sin azúcar
¼ de taza de almendras rebanadas tostadas

1. Prepare el asador para cocción directa.

2. Corte a lo largo los plátanos, sin pelarlos; barnícelos con la mantequilla por los lados cortados. Áselos, con el corte hacia abajo, a fuego medio-alto por 2 minutos, o hasta que se doren un poco; voltéelos. Áselos por 2 minutos o hasta que estén listos.

3. Combine el jarabe y el licor, si lo desea, en un recipiente chico.

4. Corte los plátanos a lo ancho por la mitad. Quite la cáscara con cuidado. Coloque 2 rebanadas de plátano en cada tazón; corone con ⅓ de taza de helado, 1 cucharada de jarabe de chocolate y ¼ de nueces; sirva de inmediato. *Rinde 4 porciones*

Torta de Menta San Patricio

1 torta de pasas (450 g)
  Gotas de colorante vegetal verde (opcional)
1 recipiente (de 225 g) de crema batida vegetal (3½ tazas), descongelada
1 barra de chocolate de galleta con menta (210 g), picada

Con un cuchillo con sierra, rebane la torta horizontalmente en cuatro capas. Revuelva el colorante con la crema batida, si lo desea; agregue el chocolate. Coloque la capa inferior de la torta en un platón; unte más o menos 1 taza de la mezcla de crema sobre la torta. Repita las capas y finalice con la mezcla de crema. Tape y refrigere. Adorne al gusto. Refrigere el sobrante. *Rinde de 8 a 10 porciones*

Banana Split a la Parrilla

Torta Selva Negra

1 paquete de harina para torta de chocolate oscuro
2 ½ tazas de crema batida, fría
2 ½ cucharadas de azúcar glass
1 lata (600 g) de relleno de cereza para pay

Caliente el horno a 180 °C. Engrase y enharine un molde redondo para torta de 23 cm.

Prepare, hornee y enfríe la torta como se indica en el empaque.

Bata la crema batida en un recipiente grande hasta que se formen picos suaves. Agregue el azúcar poco a poco. Bata hasta que se formen picos firmes.

Para armar la torta, coloque una capa de pan en un platón. Unte dos tercios del relleno de cereza sobre el pan; deje libre una orilla de 1.5 cm. Unte 1 ½ tazas de la mezcla de crema sobre el relleno. Coloque la segunda capa de pan. Cubra los lados y la parte superior con el resto de la mezcla de crema. Unte encima el resto del relleno de cereza; deje libre una orilla de 1.5 cm. Refrigere hasta que vaya a servir. *Rinde de 12 a 16 porciones*

Consejo: Enfríe el relleno para pay para facilitar el untado. Además, adorne la torta con ralladura de chocolate semiamargo o rizos de chocolate blanco.

Torta Selva Negra

Brownies Derby

1 paquete de harina para brownie con nueces
½ taza (1 barra) de mantequilla o margarina, suavizada
450 g de azúcar glass (de 3½ a 4 tazas)
2 cucharadas de bourbon o leche
1 recipiente de betún de chocolate oscuro

Caliente el horno a 180 °C. Engrase el fondo de un molde de 33×23 cm.

Prepare la harina como se indica en el empaque. Vierta la mezcla en el molde que preparó. Hornee de 24 a 27 minutos o hasta que esté listo. Deje enfriar por completo. En un recipiente grande, bata la mantequilla hasta que se uniforme; agregue el azúcar y el bourbon. Bata hasta que se incorporen y tenga consistencia untable. Unte sobre los brownies; deje enfriar. Corone con el betún. Enfríe de 2 a 4 horas. Corte en barras y sirva a temperatura ambiente.

Rinde 24 brownies

Galletas Polka

1 bolsa (de 400 g) de coco rallado (5 tazas)
1 lata (de 400 ml) de leche condensada
½ taza de harina de trigo
1¾ tazas de chocolates miniatura para hornear

Caliente el horno a 180 °C. Engrase charolas para galletas. En un recipiente grande, combine el coco, la leche y la harina hasta que se incorporen. Agregue los chocolates. Ponga cucharadas de la masa en las charolas que preparó, a 5 cm de separación. Hornee de 8 a 10 minutos o hasta que se doren las orillas. Deje enfriar por completo sobre rejillas. Almacene en un recipiente hermético.

Rinde unas 5 docenas de galletas

Brownies Derby